Beamte

Ein fröhliches MINI-Wörterbuch für alle Staatsdiener
auf Lebenszeit, auf Widerruf, zur Probe und zur
Anstellung sowie für Chefs und deren Untergebene.

Von Heinz Ehrlich
mit Zeichnungen von Peter Ruge

Gesamtherstellung: Ebner Ulm

1	2	3	4	5		98	97	96	95	94

Auflage   Jahr
(Jeweils erste und letzte Zahl maßgeblich)
ISBN 3-8231-0504-3

A

Acht-Stunden-Tag

Völlig überholte Zeiteinheit, für deren Abschaffung zu Recht in Büros, Verwaltungen und Ämtern gekämpft wird. Zumal er von der Wirklichkeit schon längst überholt ist. Welcher Beamte, Hand aufs Herz, hat schon einen Acht-Stunden-Tag, den er Minute für Minute mit Arbeit ausfüllt?

Akten

Lebenselixier für Beamte, das seine wahre Wirkung nur stapelweise entfalten kann. Merke: Je dicker die Unterschriftsmappe und je höher der Papierberg, desto wichtiger ist Ihre Position.

Angestellter

Im öffentlichen Dienst beamtenähnliches Wesen, das zwar weniger Privilegien in puncto Arbeitsplatzsicherheit und Pensionsberechtigung genießt, zum Ausgleich dafür aber mindestens genauso viel leisten darf wie der Kollege auf Lebenszeit.

B

Beamtenbund Höchst effiziente und staatsdienende Interessenvertretung in einem demokratischen Gebilde, dessen oberstes Entscheidungsgremium wegen absoluter Beamtenmehrheit im Bundestag kein öffentlich-rechtliches Lobbyistentum nötig hätte.

Beförderung Verspätete Anerkennung Ihrer hervorragenden Leistungen. Zumeist mit Lobeshymne und anerkennenden Glückwünschen verknüpft, die die Glaubwürdigkeit der Gratulanten entlarven.

Bürgernähe Ideale Umgangsform zwischen Beamten und Kunden. Von den einen oft zitiert, von den anderen häufig vermißt. Unter dem Strich durchweg praktiziert. Vom Kunden, der seinem Gegenüber ganz nah auf den Leib rückt. Vom Gegenüber, der über seinen Kunden möglichst viel, wenn nicht sogar alles erfahren möchte.

Entscheidung

E

Eid

Ewige Bindung an die freiheitlich-demokratische Grundordnung, die – wenigstens formal – dennoch frühzeitig überprüft werden sollte. Im Rahmen einer reinen Vorsichtsmaßnahme, damit sie nicht von Dritten geprüft wird. Was aber auch nicht grundsätzlich ausgeschlossen ist.

Einkommen

Es ist zwar sicher und bis ans Lebensende garantiert, reicht zumeist aber hinten und vorne nicht, weil die Sparsamkeit des Staates immer nur bei einem anfängt und da auch aufhört: beim Beamten.

Entscheidung

Im Beamtenleben ist sie immer schnell, präzise, zutreffend, auf den Einzelfall abgestimmt, fair und wird außerdem allen Seiten gerecht. Sagt man.

F

Ferien

Böse Zungen behaupten, daß Beamte, speziell Lehrer, eigentlich 365 Tage im Jahr Ferien haben. Nur an wechselnden Orten wie Büro, Klassenzimmer, heimisches Wohnzimmer, Gran Canaria, Toscana und Oberharz. Zusätzlich haben sie selbstverständlich den tarifvertraglich garantierten Urlaub.

Finanzbeamter

Bauernopfer der großen Politik, die vernünftige Haushaltswirtschaft propagiert, aber unter dem Strich dem kleinen Mann die Hosentaschen ausräumt.

Frauenquote

Häufig gesetzlich verankertes Druckmittel, um ein gesundes Mann-Frau-Verhältnis von 1 : 1 im öffentlichen Dienst zu erreichen. Wegen des enormen Nachholbedarfs müßte dieser Punkt ca. ein halbes Jahrhundert lang regelmäßig auf der politischen Tagesordnung stehen, damit Wunsch und

Fremdenverkehrsamt

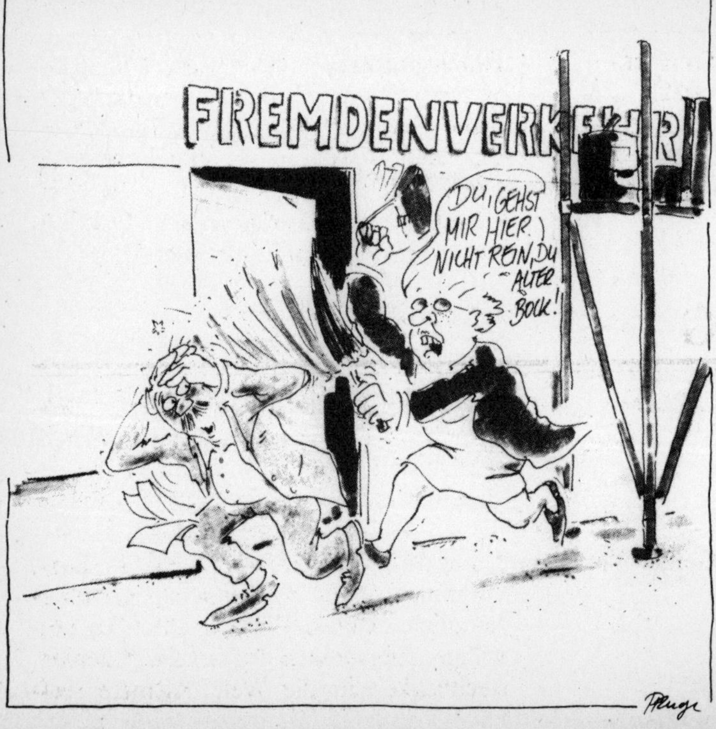

Wirklichkeit wenigstens in etwa übereinstimmen.

Fremden-verkehrsamt

Feuilletonistische Spielwiese für anspruchsvoll kreative Beamte, die die widersprüchlichen Erfahrungen aus Reisekatalogen und Urlaubsdomizilen auf örtlicher Ebene umsetzen können. Mit – auch im kleinsten und gottverlassensten Marktflecken – verblüffenden Ergebnissen.

G

Gebühren

Am Bedarf des Bürgers orientierter Deckungsbeitrag für amtlicherseits umfängliche Durchführungen wie Stempeleien, Unterschriften, Kopien, Paßausstellungen.

Geschenke

Nimmt der Beamte, vor allem im Bau-, Ordnungs- und Planungsamt, selbstverständlich nicht an. Wie schnell setzen böswillige Zeitgenossen den Verdacht der Bestechlichkeit in die Welt. Kleinere Aufmerksamkeiten hingegen sind völlig unverdächtig. Wobei trefflich darüber zu diskutieren wäre, worauf sich das Wörtchen „klein" bezieht.

Gesetz

Mosestafel des modernen Beamten. Mindestens genauso schwer, zum Ausgleich dafür aber weniger einfach und eindeutig. Zugleich garantierter und rhetorisch holpriger Papierknüppel, um kritische Kunden zu überzeugen. In gebundener Form zudem höchst effizient als Fliegenklatsche.

K

Karriere

Berufliche Entwicklung, die häufig von der eigenen Leistung abhängt. Im Beamtenleben eher Schmalspur, die vor allem bei den Kollegen weniger mit Kompetenz und Sachkenntnis asphaltiert ist, sondern an deren Rand als Kilometersteine wiederholt Parteibücher, in kurzen Zeitabständen möglichst unterschiedliche, zu finden sind.

Laufbahn

Kollege Hilfreicher Beamter von nebenan, der alles kann, alles weiß, alles macht – und immer besser als Sie. Frei nach dem Motto: Was brauchen Sie Feinde, wenn Sie einen netten Kollegen haben.

Kreditwürdigkeit Bei Beamten exorbitant hoch, da Einkommen sicher, Pension garantiert, Ortszuschlag gesetzlich verankert, Höherbesoldung zwangsläufig, Lebenswandel solide, Berufsstreß kaum vorhanden, Familienleben glücklich, Konsumwünsche übersichtlich und Privat-PKW mittelklassig.

L

Laufbahn Schönfärberischer Begriff für beamtete Ehrenrunden, die oftmals um so länger dauern, je korrekter und bürgerfreundlicher der in ihr Befindliche sein Tagwerk verrichtet. Fairerweise sei anzumerken, daß „Laufbahn" mitunter auch Attribut für den Beamten ist, der Verwaltung und Amt von der Pike auf gelernt hat.

Lehrer

Stiller Arbeiter, der für die meisten von uns ewiglich nur eines hat: Ferien. In Wahrheit jemand, der Weltverbesserer und Realist, Pädagoge und Fachmann, Beicht- und Übervater, Seelendoktor und Kopfklempner zugleich ist.

Leistungsprinzip

Unerschütterliche Karrierenorm. Häufig draußen in der beamtenfreien Zone; seltener, aber mitunter ebenso extensiv im öffentlichen Dienst. Weil auch in Verwaltungen geleistet und sich geleistet wird. Häufig wirbelt dies alles jedoch festgefügte Amtswelten bis zur Unkenntlichkeit durcheinander, so daß mitunter glücklicherweise die inneren Werte Ihres Kollegen zählen.

Musterbeamter

M

Material Wird im öffentlichen Dienst besser gehütet als jedes Staatsgeheimnis, weshalb pfiffige Beamte es längst aufgegeben haben, sich in die Verwaltungshölle, in der die Dämonen Materialschein, Materialanforderung und feste Materialausgabezeiten hausen, hineinzubegeben. Die notwendigen Büroklammern werden dann halt aus der eigenen Tasche bezahlt.

Musterbeamter Jemand, der bis zu seiner Pensionierung klag- und erfolglos auf Beförderung und regelmäßige Gehaltserhöhung gewartet hat. Und deshalb dem Steuerzahler nicht zur Last gefallen ist.

N

Nachtwächter Bürokratie-Bewacher nach Dienstschluß und gleichzeitig Kosename für den Chef.

Nebentätigkeit Genehmigungspflichtige Haupteinnahmequelle von vielen Beamten. Mit dem durchaus beklagenswerten Problem, daß sie noch mehr einbringen könnte, wenn niemand davon wüßte. Merke: Wer arbeitet, hat keine Zeit, Geld zu verdienen.

O

Öffentlicher Dienst Arena der deutschen Leistungselite. Bei garantiert höchstem Einsatz, bester Besoldung, schnellster Bearbeitung und beispiellosester Bürgerfreundlichkeit.

Ordnungsamt Oft verkannte Einrichtung, die als Politessen-Burg geschmäht wird. Wobei völlig unterschlagen wird, daß zahlreiche Ordnungsamt-Beamte unter Einsatz ihres körperlichen Wohls, speziell unter Strapazierung der noch funktionstüchtigen Leber, ausschließlich Aufgaben zum Nutzen des Gemeinwohls optimal erfüllen.

P

Parteibuch Neben Telefon-, Spar- und Grundbuch die einzig wichtige Literatur für Beamte in hohen Rängen. Sowohl dessen Studium als auch dessen politisch bedingtes Austauschen ermöglichen mit einer gewissen Sicherheit das Erreichen von gutdotierten Verwaltungssesseln.

Privilegien Daß er sie hat, wird dem Beamten von Nichtbeamten oft neidvoll nachgesagt. Bei der Nennung von konkreten Beispielen hapert es jedoch spätestens bei drittens. Womit das Gejammer über angeblich mannigfache Bevorzugungen für die erste Zeit ad acta gelegt wäre.

Pünktlichkeit Neben Sauberkeit und Ordnung eine der größten Beamtentugenden, die zudem noch für eine außerordentliche Beliebtheit der Deutschen im Ausland gesorgt hat. Im Zeitalter der Digitaluhren, der Gleit- und Kernarbeitszeit inzwischen ein wenig aus der Mode gekommen. Wie zahlreiche Bürger, die die persönliche Kontaktaufnahme suchen, bestätigen werden.

R

Rationalisierung   Wird für die beamtete Verwaltung hauptsächlich von denen in der vielumjubelten freien Marktwirtschaft gefordert, deren Tätigkeit zwar seit Jahren überflüssig ist und deshalb nicht bemerkt wird, die zum Ausgleich dafür aber fest in ihren weichen und unter ergonomischen Gesichtspunkten optimalen Sesseln bequemst residieren.

Rechtsunter-
zeichner   Links- oder rechtshändiger Unterschriftsbevollmächtigter, dem die Freiheit genommen wurde, ein amtliches Schreiben durch einen freigewählten Signierplatz zu schmücken.

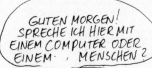

S

Schalterstunden Täglich wiederkehrende Goodwill-Veranstaltungen der beamteten Verwaltung, die viel zu oft reinste Nervenstrapaze sind. Leider Gottes ist das öffentlich-rechtliche Schmerzensgeld nicht so hoch, um diese mit Geduld und Gleichmut ertragen zu können.

Schulden ... macht der Beamte so gut wie nie, da auch seine privaten Finanzverhältnisse dem Prinzip von Recht und Ordnung unterliegen. Obwohl ihm dies mangels guten Beispiels nicht leichtfallen dürfte, da sein Arbeitgeber der größte Geld-Pumper ist.

Sekretärin Wahrer Indikator für die Bedeutung eines Beamten, da nicht jeder eine eigene hat, sondern sich die meisten mit den zugegeben unzureichenden Qualitäten der Mitarbeiterinnen in den Großsekretariaten begnügen müssen.

Sozial-versicherung	Wohlfahrtsstaatliche Einrichtung, die, was Beamte betrifft, eher im Verborgenen wirkt. Vor allen Dingen deshalb, weil deren Existenz der beamteten Lohnabrechnung kaum zu entnehmen ist.
Staatsanwalt	Wortgewaltiger Forderer rechtsstaatlicher Sanktionen, der leider weniger das gesunde Volksempfinden der Stammtischphilosophien vertritt, sondern sich (im Idealfall) verfassungsgemäßer Mittel bedient.
Standesbeamter	Formalrechtlicher Auslöser ungezählter Scheidungsverfahren und Ehedramen. Selbst schon seit ewigen Zeiten glücklich verheiratet. Und das auch noch mit ein und derselben Frau. Bewundernswert.
Stempel	Runder Tuschklecks, der nicht, wie bei Landeiern von freilaufenden Hühnern, unterschiedliche Güteklassen dokumentiert, sondern Zwischenstation eines Rituals darstellt, das da Bürokratie heißt.

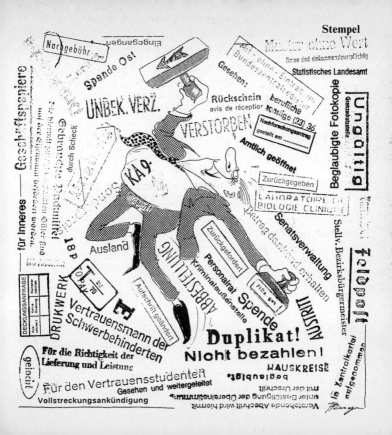

Stellenplan

In unterschiedlichen Formen und Ausfertigungen regelmäßig wiederkehrender Hauptinhalt des höchst cheflichen Papierkorbs. Weil die vernünftige Anzahl der Planstellen und die Verwaltungsstrategie, die aus ihr erwächst, in den Stellenplan münden und mehr Taktik, weniger bürokratische Notwendigkeit sind.

Steuergeld-verschwendung

Angebliche Lieblingsbeschäftigung von Beamten, die bei mehr oder weniger bedeutenden Interessengruppen wie dem Bund der Steuerzahler regelmäßig zu Aufschreien der Empörung führt. Diese vereinfachte Betrachtungsweise des Problems hat zugegeben etwas für sich: Geldverschwendung ist, wenn der Beamte Geld ausgibt. Und wenn Mandatsträger selbsternannter Interessenvertretungen üppige Gehälter beziehen.

Streifendienst

Tätigkeit, die Bürgern ein Gefühl von Sicherheit vermitteln soll, den Polizeibeamten aber jede Menge Schlafmangel, zerrüttete Ehen und aufgrund regelmäßiger Fastfood-Ernährung Magengeschwüre beschert.

Streik   Dienst nach Vorschrift.

Studienrat   Position der Pädagogenhierarchie, die es langsam ratsam erscheinen läßt, sich um ein Bundestagsmandat zu bewerben. Frei nach dem Zitat des liberalen Wirtschaftsgrafen: Das Parlament ist mal voller und mal leerer, aber immer voller Lehrer.

T

Tarifverhandlung   Mit viel Getöse veranstaltete Zusammenkunft von Spitzenpolitikern und -beamten auf der Arbeitgeberseite und Lobby-Beamten auf der Arbeitnehmerseite. Mit dem einzigen Zweck, dem kleinen und in Wahrheit schuftenden Angestellten im öffentlichen Dienst weiszumachen, daß hier im Interesse von Staat und Staatsdienern um jedes Zehntelpünktchen hart gerungen werde.

Telefongespräch Es muß, wie überall in den Büros, dienstlich und darf nicht privat sein. Zwecks besserer Nachprüfung und pädagogischer Prophylaxe finden sich in den öffentlichen Dienstburgen heutzutage sündhaft teure Telefoncomputer. Die selbstverständlich die detektivische Suche nach an privater Telefonitis auf Staatskosten erkrankten Kollegen erleichtern.

Treue Zu Staat und Demokratie, Verfassung und Gesetz ist sie obligatorisch, zum Ehepartner freiwillig.

U

Überstunden Nur relevant für Kollegen, die unfähig sind, ihre Arbeit zu schaffen bzw. vernünftig einzuteilen. Aber da dies auf niemanden zutrifft, ist es nicht verwunderlich, daß nach 16 Uhr kein Anschluß mehr unter irgendeiner Nummer zu haben ist.

Unkündbarkeit Existentielle Sicherheit, damit man sich von anmaßenden und ewig besserwissenden (Nicht-)Steuerzahlern nicht auf der Nase herumtanzen zu lassen braucht. In manchen Fällen ist Unkündbarkeit gleichbedeutend mit Dienst nach Vorschrift.

Unterschrift Kaum lesbarer Schlußpunkt unter einer hochamtlichen Erlaubnis, Ablehnung, Drohung, Bescheidung, Ankündigung oder einer schlichten Informierung.

V

Verantwortung Wird von staatstragenden Persönlichkeiten immer gerne übernommen, wenn sie politischer Natur ist. Aber noch viel lieber auf Beamte übertragen, wenn jemand für Fehlentscheidungen den Kopf hinhalten muß.

Verwaltungsbeamter Moderner Sisyphus – ausgestattet mit dem zeitgemäßen Handwerkszeug: Papier, Ein-

Unterschrift

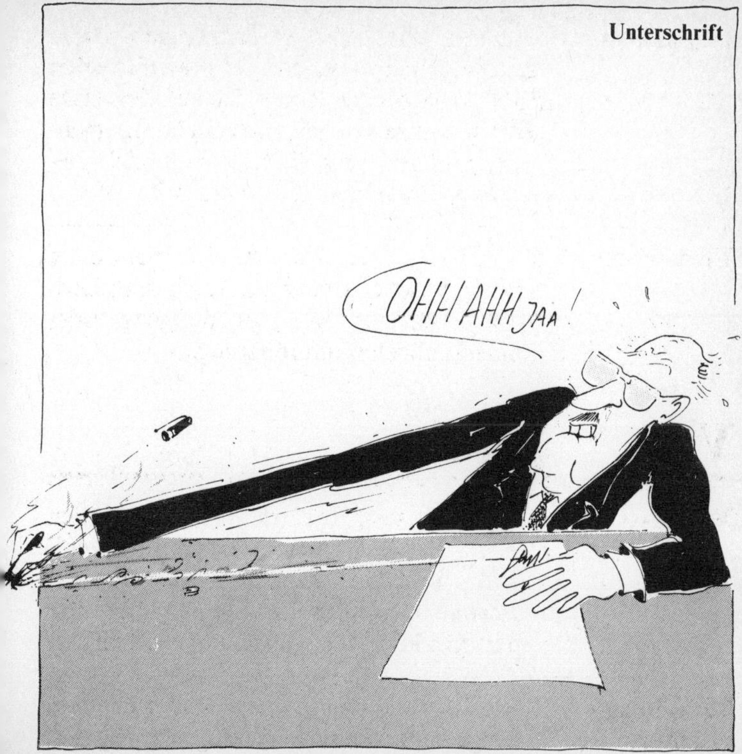

Vorzimmer

gangsstempel, Ausgangsstempel, Erledigungsstempel und Ablagestempel.

Vorlage Mit Informationen gespickter Papierberg, der vom Beamten zwecks Entscheidungshilfe politischer Mandatsträger präpariert worden ist. Der politische Wille ist ein anderer, weil entweder Politiker sowieso nicht lesen oder weil Politiker lesen, aber nichts verstehen, oder gerade Wahlen anstehen.

Vorzimmer Einrichtung, die es vor allem höheren Beamten ermöglicht, es mit der Bürgernähe nicht so genau nehmen zu können. Außerdem Informationsbörse mit den aktuellsten Neuigkeiten.

W

Wahlbeamter Als Stadt- oder Oberstadtdirektor bzw. Referent, als Dezernent oder Beisitzer immer verlängerter Arm des Ortsvereins der Mehrheitspartei. In dem Bestreben, möglichst viel Politik zu machen und dadurch den un-

Wahlhelfer

teren Beamten die Arbeit so weit wie möglich zu erschweren.

Wahlhelfer

Armer Beamter, der am Wahlsonntag, statt mit seiner Familie ins Grüne zu fahren, selbstverständlich freiwillig Namen kontrolliert, abhakt, Urnen leert und Stimmen zählt. Wobei er leider nicht verhindern kann, daß die jeweilige Anzahl von Stimmen durch intelligente Politiker kommentiert wird.

Z

Zeitplanbuch

Auch Time-Manager. Terminkalender mit hohem Imagewert, der aus diesem Grunde den Spottpreis von 289 Mark durch und durch rechtfertigt.

Zentraler Schreibdienst

Öffentlich-rechtliche Gerüchteküche.

Zoll

Im vereinten Europa leider fast völlig überflüssig. Eigentlich jetzt schon, da der vorbildliche Bürger nie etwas anzumelden, und schon gar nichts zu verzollen hat. Er sich aber diebisch darüber freut, daß die drei Stangen Zigaretten trotz intensiver Suche nicht gefunden wurden.

Zulagen

Außerordentliches Besoldungsinstrument in bestimmten Beamtenbereichen, um den Staatsdienern vorzugaukeln, sie seien gerecht bezahlt. Da Gehaltserhöhungen sich aber ausschließlich auf das Grundeinkommen beziehen, macht der Finanzminister – wie immer – ein gutes Geschäft.

Zuständigkeit

Trotz eingehender Prüfung ist sie in Verwaltungen, Ämtern und Behörden häufig nicht anzutreffen. Sonst wäre die Arbeitsbelastung noch größer.

FR☺HLICHE MINIS

Bis jetzt sind erschienen:

Abnehmen	Computeritis	Geburtstag
Angeln	DDR-Deutsch	Golfen
Autofahren	Do-it-yourself	Großmutter
Baby	EDV	Hifi & CD
Badminton	Eisenbahn	Hotel
Bank & Börse	Eishockey	Jagen
Beamte	Feiern	Karl-May-Fan
Bergsteigen	Fernsehen	Katzen
Bioköstler	Feuerwehr	Kegeln
Büro	Fitneß	Kinder
Bundeswehr	Fotografieren	Kuren
Caravan	Fußball	Lehrer
Computer	Gärteln	Männer

FRÖHLICHE MINIS

Bis jetzt sind erschienen:

Management	Spaß b. Backen	Verheiratet
Motorrad-	Spaß b. Kochen	Verkauf
fahren	Squash	Verliebt
Mutter	Steuern	Volley-Ball
Neues Heim	Studieren	Volljährigkeit
PC	Surfen	
Radfahren	Tanzen	
Reiten	Tauchen	
Schule	Tennis	
Segeln	Tischtennis	
Singen	Traumurlaub	
Skatspielen	Vater	
Skifahren	Verarzten	